AF229385

L'INVASION

ALLEMANDE

A MONDOUBLEAU

ET

LA BASTONNADE D'EPUISAY

Par M. G. GOHIER

(Extrait du Bulletin de la Société Archéologique,
Littéraire & Scientifique du Vendômois.)

VENDOME

TYPOGRAPHIE LEMERCIER ET FILS

1875

C'est pour répondre au désir d'un de mes chers et anciens professeurs, que j'ai raconté un épisode qui ne doit pas rester inconnu, parce qu'il donne une idée des mœurs de l'armée allemande. La vérité, tel est le seul mérite de mon récit ; je raconte ce que j'ai vu. J'avais alors 17 ans, et j'étais revenu à la maison paternelle après le licenciement des élèves du Lycée de Vendôme, bien décidé à prendre part à l'action, si l'occasion se présentait ; voici comment je fus mis à l'épreuve.

G. G.

On était en novembre 1870 ; les journées se passaient tristes et sans nouvelles ; le canon grondait au loin, et, afin de participer de cœur au moins aux efforts de notre armée pour repousser les envahisseurs, on écoutait et l'on comptait les coups, qui, entendus d'instant en instant, semblaient être autant de glas funèbres. L'ennemi oserait-il s'aventurer au milieu de nos haies, de nos bois ? Personne ne le pensait, et chacun d'ailleurs se proposait de défendre pied à pied le terrain contre les éclaireurs qui se risqueraient à visiter le pays. Des plans de défense naissaient de toutes parts, on ne rêvait qu'embuscades et coups de main ; les armées, l'artillerie, peuvent manœuvrer en plaine, disait-on, mais, dans un pays coupé de ravins et de fossés, il suffira de quelques hommes déterminés pour barrer le passage aux Prussiens.

Telle était la situation des esprits quand, le 22 novembre au soir, on vint annoncer à Mondoubleau que Le Gault avait été visité par des cavaliers ennemis. Les mobilisés, réunis en toute hâte, partirent dans la nuit même pour occuper un bois sur la route de Saint-Agil à Mondoubleau ; des messagers furent envoyés dans toutes les directions, et tous les gardes nationaux convoqués à la défense du pays pour le lendemain. La nuit du 22 et la matinée du 23 se passèrent en préparatifs, et ce ne fut qu'à midi que l'on put partir pour Le Gault. Arrivés dans le village, nous apprîmes par les mobilisés, qui nous avaient devancés, que l'ennemi n'avait pas reparu depuis le matin. Les postes placés, chacun gagna son gîte, et l'on s'endormit avec d'autant plus de sécurité, que la garde nationale de Vendôme, qui était venue se joindre à nous, semblait rendre impossible toute entreprise de la part du corps cantonné à La Bazoche.

L'ennemi ne paraissant pas, chacun battit en retraite le lendemain 24 ; les mobilisés seuls furent laissés pour couvrir les derrières. Chacun commentait l'inutilité de notre marche, quand, après avoir parcouru la moitié du chemin, on commença à entendre les coups de fusil sur la droite : sans doute les ennemis avaient tourné par Montmirail, ainsi que le bruit en avait couru dans la matinée. Au reste, les doutes ne subsistèrent pas longtemps ; des messagers, envoyés à notre rencontre, nous apprirent bientôt, en effet, que des uhlans avaient paru sur les hauteurs de Mondoubleau. A cette nouvelle, l'hésitation naît dans la troupe ; les uns s'empressent de rentrer chez eux, d'autres gravissent la côte pour aller recevoir l'ennemi derrière les haies qui bordent la route de Souday. Des coups de fusil partent de tous côtés ; l'ennemi, en face d'une résistance qu'il ne supposait pas, arrête sa marche ; des cavaliers parcourent la route au galop, des tirailleurs se répandent dans les champs ;

en quelques minutes, des canons sont braqués et commencent à tirer sur Mondoubleau. La lutte avec un ennemi si nombreux devenant par trop inégale, les gardes nationaux fuient dans toutes les directions, d'autres sont faits prisonniers. L'ennemi ne tarde guère à entrer à Mondoubleau, amenant avec lui le président de la commission municipale et le curé, qui étaient allés en parlementaires.

Pour moi, qui étais allé dans les champs avec un lieutenant de la garde nationale, forcé d'abandonner la place pour éviter les balles qui pleuvaient de tous côtés, j'avais suivi l'exemple commun, et je m'étais dirigé vers la côte opposée, d'où je pensais qu'il me serait facile de regagner Mondoubleau. En arrivant près de La Ralluère de Choue, des gardes nationaux qui se trouvaient par là nous annoncèrent la prise de la ville, et nous engagèrent à quitter nos uniformes. Nous suivîmes ce conseil, qui nous parut d'autant plus sage, que les coups de fusil résonnaient encore de toutes parts. Une question se posait à nous : rentrerait-on en ville ? Les avis étaient partagés ; mais le lieutenant nous ayant dit qu'il avait la conviction que personne ne nous inquiéterait, d'abord parce que la ville était rendue, et qu'en second lieu rien ne pouvait faire supposer la part que nous avions prise à la lutte, on se décida à tenter l'aventure.

Nous suivions le vieux chemin de Choue à Mondoubleau, écoutant le bruit des chariots, regardant à droite et à gauche, craignant à chaque pas de voir des fusils braqués sur nous. Enfin nous voilà au cimetière ; quelques secondes encore, et nous serons en ville. On s'arrête, on avance la tête au détour du chemin : rien dans la rue ; nous continuons notre marche. Tout à coup l'un de nous s'écrie : « Les voilà ! » Un détachement bavarois venait de déboucher en face de nous. Tant de détours, de précautions, n'avaient abouti qu'à nous faire tomber dans la gueule du loup. A notre apparition les fusils furent dirigés sur nous ; mais l'officier, voyant que nous étions sans armes, nous fit signe d'arrêter. En un instant nous fûmes entourés et fouillés. On poussa même la précaution jusqu'à nous sentir les mains. Ne trouvant rien de suspect, l'officier nous fit signe de passer en côté ; c'est ainsi du moins que nous avions compris son geste. Nous nous empressions d'obéir, quand les soldats, désireux de conserver leur proie, nous forcèrent à rentrer dans les rangs et à marcher avec eux. A peine avions-nous fait deux cents mètres, qu'on nous remit au milieu d'un peloton de hussards, qui venait de pousser une reconnaissance sur la route de Cloyes. Nous fûmes intercalés dans les rangs à coups de plats de sabre ; et, pour mettre le comble à leurs mauvais traitements, ils nous crachèrent au visage. C'est ainsi que l'on nous amena sous la halle de Mondoubleau, où se trouvaient déjà réunis une vingtaine de prisonniers.

Là nous apprîmes la mort de quelques hommes restés dans les champs, l'assassinat de M. Doré, ancien maire, et de deux hommes, fusillés pour avoir été trouvés porteurs de cartouches. La ville, pleine de troupes, était au pillage, et le général de cavalerie Schmit avait imposé en outre une contribution de 20,000 francs. Faute de payer la somme, nous devions être bombardés le lendemain matin.

Toutes ces nouvelles, qui nous parvenaient coup sur coup, étaient loin de nous rassurer sur notre position ; la terreur était peinte sur tous les visages. Qu'allions-nous devenir ? Enfin, la nuit venue, on nous enferma dans un café, transformé en corps de garde, où des vivres et de la paille nous furent distribués. Un espoir nous restait, celui d'être considérés comme ôtages, et d'être relâchés après le payement de la rançon. Bien longues nous parurent ces heures de captivité. Les événements s'étaient succédé avec tant de rapidité, l'ébranlement avait été si fort, la réalité nous paraissait si dure, que l'on voulait croire à quelque mauvais rêve.

A huit heures du matin, le signal du départ fut donné. On nous fit sortir sur la place, et aligner; puis, quelques minutes après, la colonne se mit en marche vers Vendôme, emmenant avec elle une cinquantaine de prisonniers. A peine avions-nous fait un kilomètre que l'on s'arrêta, et un officier vint nous dire en mauvais français : « Si vous entendez la canonnade et la fusillade, « vous vous coucherez. Quiconque se redressera sera « impitoyablement fusillé. » Craignait-on une attaque ? Nous l'aurions désirée, comme pouvant nous offrir une occasion de recouvrer la liberté. Au bout d'une demi-heure, nous nous remîmes à marcher en avant, et nous arrivâmes à Épuisay sans autre incident.

Quelques instants après notre arrivée, on nous fit entrer dans un champ. Là, après nous avoir alignés, un officier fit charger les armes à une compagnie placée en face de nous, et nous annonça que nous allions être fusillés..... Impossible de fuir : les ennemis avaient bien pris leurs précautions. Des gémissements éclatèrent, la plupart d'entre nous croyant être arrivés à leur dernière heure. Quands ils jugèrent que la torture avait assez duré, nos gardiens nous acheminèrent vers l'église, où l'on nous introduisit. L'officier de garde compta les prisonniers, et, après un minutieux examen des lieux, des sentinelles furent placées à toutes les issues. Deux heures environ se passèrent, jusqu'au moment où l'on nous fit sortir un à un pour subir l'interrogatoire du général Schmit. Chacun, cela va sans dire, se disculpa de son mieux. De son côté, lorsque le trop-plein de sa colère se fut déversé en horions sur les accusés, le vainqueur nous harangua en ces termes : « Canailles de Français, « race maudite, vous êtes tous des brigands, car vous « étiez cachés derrière les haies pour tirer sur mes trou- « pes. Allez, rentrez, j'aviserai sur votre sort. »

Bientôt après le chef de poste vint nous annoncer que, d'après la décision du général, les trente-neuf hommes pris en costumes civils seraient relâchés le lendemain, et que les vingt-neuf gardes nationaux en uniforme se- raient retenus comme prisonniers de guerre. Cette so- lution favorable nous semblait inespérée, aussi un peu de gaîté revint parmi nous ; mais en même temps aussi on commença à songer qu'il y avait plus de dix heures que nous n'avions mangé. Sur notre demande, on nous apporta six pains chauds, et comme boisson un seau d'eau bourbeuse, prise à une mare voisine de l'église. La distribution du pain s'opéra entre nous ; mais il nous fut impossible de boire, tant l'eau était imprégnée de vase.

Avec la nuit le froid devint plus piquant. Les vêtements de la sacristie mis à contribution furent impuissants à nous réchauffer; les émotions de la journée avaient été d'ailleurs trop fortes pour que l'on songeât à dormir. Comme nous le trouvions long à paraître ce jour qui allait être le signal de notre libération ! Il se montra cependant, et plusieurs heures s'écoulèrent sans qu'on vînt nous chercher. Nous commencions à douter de la promesse de la veille, lorsqu'à dix heures la porte s'ouvrit. Quelques hommes et un officier entrèrent pour s'assurer que personne ne s'était évadé. Le compte se trouvant juste, les hommes en uniforme furent conduits dans le chœur de l'église; puis l'on fit sortir un seul de nos compagnons, quelques secondes après un second. Je sortis le troisième.

J'aperçus derrière moi des baïonnettes croisées, et en avant des soldats munis de queues de billard et de bâtons de toutes sortes; la rue était ainsi bordée depuis l'église jusqu'à la route de Vendôme. Enfonçant mon chapeau le plus possible, je courus tête baissée à travers les rangs, recevant une grêle de coups sur la tête, sur les bras, évitant de mon mieux les bâtons que l'on me jetait dans les jambes. J'arrivai à l'extrémité de la haie tout meurtri, et le bras gauche tellement contusionné, qu'il m'était impossible de m'en servir. Sans regarder derrière moi, je marchai vers Mondoubleau; mais, au bout d'un demi-kilomètre, je me jetai sur la gauche pour gagner les bois de La Fredonnière. Bientôt je fus rejoint par des malheureux qui avaient de graves blessures à la tête.

Trente-neuf victimes passèrent sous les bâtons, au grand contentement des officiers, qui avaient gardé ce spectacle pour leur dessert, et étaient venus, cigarre aux lèvres, voir bâtonner des Français. Il y avait parmi nous des vieillards de plus de soixante ans qui furent horriblement frappés; M. le curé de Rahay, entre autres, auquel nos ennemis avaient montré une haine toute particulière, fut conservé pour la fin : à coups de pieds, de crosses de fusil, on le poussa sous les bâtons; il eut le malheur de tomber; les soldats en profitèrent pour le frapper jusqu'à ce qu'il fût inanimé. Lorsqu'ils le jugèrent mort, ils le transportèrent dans l'atelier d'un maréchal. Un ministre protestant vint réciter près de lui les prières des morts. N'entendant plus de soldats autour de lui, M. le curé, qui, après être revenu de son évanouissement, avait fait le mort, craignant d'être achevé, rouvrit les yeux, et s'efforça de prouver qu'il était innocent et n'avait pas tiré sur les soldats allemands. Le ministre, après bien des hésitations, et alléguant combien il lui serait difficile de vaincre la haine toute particulière qu'officiers et soldats montraient contre le curé *franc-tireur,* se décida à faire ce qu'il pourrait pour sauver la vie du malheureux ecclésiastique. Il sortit, laissant un factionnaire à la porte. Au bout de quelques minutes, il revint annoncer au curé qu'il avait obtenu sa grâce, mais qu'il lui fallait partir de suite. Prévenu du fait, le curé d'Épuisay parvint, après bien des recherches, à découvrir un âne et une voiture, seul véhicule que les Allemands n'eussent pas détruit ou emmené ; il y fit monter son collègue, et le fit conduire vers Sargé.

Tel fut le dénouement de cet acte de brutalité atroce, unique dans les annales de la guerre, tellement cruel même aux yeux des Prussiens, que ceux qui vinrent ensuite dans nos pays et à qui on le raconta, ne trouvant pas d'excuse à une telle barbarie, finissaient par dire : « Ce sont des Bavarois qui se sont conduits ainsi ; ja- « mais Prussien n'aurait agi de la sorte[1]. »

G. GOHIER.

Mondoubleau, juillet 1874.

---

[1] C'est en effet un corps de Bavarois, sous le commandement du général Schmit, corps faisant partie de l'armée du général von der Tann, qui a envahi le Perche en novembre 1870.

Vendôme. Typ. Lemercier et fils.

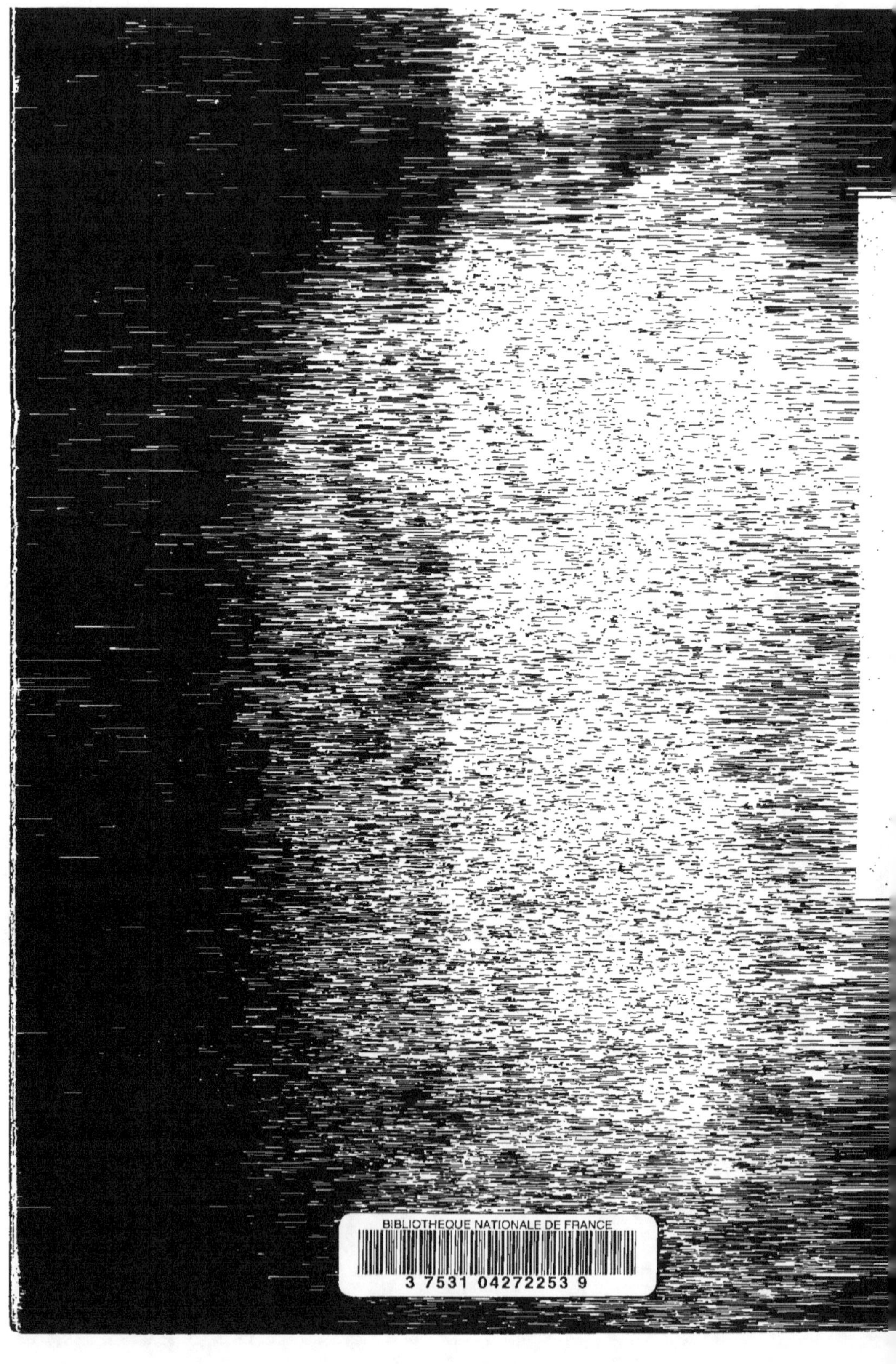